CATALOGUE
D'UNE BELLE COLLECTION
DE
TABLEAUX DES TROIS ÉCOLES,

Composant le Cabinet de M. L.,

À laquelle on a joint différens articles précieux en marbre et en bronze; une superbe Pendule dans une Urne de bronze, enrichie des plus beaux ornemens, sur une Colonne de marbre noir antique, et plusieurs Meubles en bois d'acajou, aussi riches que bien traités ;

LEDIT CATALOGUE RÉDIGÉ
PAR A. PAILLET ET H. DELAROCHE.

La Vente au plus offrant et dernier Enchérisseur, et au comptant, s'en fera à Paris, le lundi 28 Brumaire an 13 (19 Novembre 1804), et jours suivans, 5 heures de relevée, *Maison des Divisions supplémentaires du Mont de Piété*, rue Vivienne, N.º 45.

L'Exposition publique en sera faite pendant les trois jours qui précéderont celui de la Vente, depuis 11 heures du matin, jusqu'à 3.

Se distribue à Paris,
Chez A. PAILLET et H. DELAROCHE,
rue Vivienne, N.º 45.

AVERTISSEMENT.

Quoique nous ayions été engagés à ne point faire d'avertissement en tête de ce Catalogue, nous devons cependant annoncer aux Amateurs, que M. L. en formant son Cabinet, a eu principalement en vue, de rassembler ce que la peinture présente d'objets agréables et sur-tout aimables; tel était son goût, et nous ne craignons pas de dire qu'il a parfaitement rempli l'objet de ses désirs.

Suivant notre usage, nous n'avons donné aucune attribution de Maître au hasard, et en cela nous avons suivi l'intention formelle du Propriétaire, et même par suite de ce principe, nous avons laissés sans noms d'Auteurs, les treize derniers articles de Tableaux de ce Catalogue, persuadés que leur mérite n'échappera pas à l'œil des connaisseurs, qui sauront les apprécier et leur rendre justice.

On a joint à cette belle Collection de Tableaux, différens articles précieux en marbre et en bronze, tels que l'Amour de *Bouchardon*, la Baigneuse de *Falconet*, Ariadne, Vénus accroupie, Saturne, Diane et Endymion, etc. etc., une magnifique Pendule dans une Urne de bronze, enrichie des plus beaux ornemens, sur une Colonne de marbre noir antique, et plusieurs Meubles en bois d'acajou, aussi riches que bien traités, savoir : une Couchette sur une Estrade, avec Balustre autour; deux Tête-à-tête, deux Fauteuils, quatre Chaises, quatre X, un superbe Chiffonier surmonté d'une Pendule de *Lepaute*, une Commode et un Bas-d'Armoire. Cette dernière pièce avec dessus de porphire rouge.

Les curieux sont prévenus que tous ces articles de Meubles, du meilleur goût de ciselure, et de même genre, peuvent faire l'ornement complet du plus bel Appartement.

Les conditions de la vente sont de payer comptant et en francs, ainsi que sont prononcées les enchères; l'acquéreur sera tenu, en outre, de payer les droits de vente, dont le tarif est affiché dans la Salle de vente; plus, *deux et demi pour cent* pour frais de Catalogue, Annonce et Exposition, comme aussi de retirer les articles le lendemain de chaque séance, depuis 10 heures jusqu'à 2.

CATALOGUE

D'UNE BELLE COLLECTION

DE TABLEAUX

DES TROIS ECOLES,

ET AUTRES OBJETS CURIEUX.

TABLEAUX.

A.

ABSOVEN.

N°. 1. — L'Intérieur d'un Corps-de-Garde rempli de Militaires. Dans le milieu, on en voit trois autour d'une Table, dont deux jouent aux Cartes. Sur un second plan, à gauche, est une Patrouille qui se dispose à sortir. Nombre d'accessoires, tels que Tambours, Armures, Drapeaux, etc., contribuent à la richesse de ce morceau, qui est de la plus forte couleur, et

2   TABLEAUX.

rendu avec beaucoup de vérité dans nombre de ses détails. B. haut. 49, larg. 65 c.

ANTONISSEN (H.-J.).

2. — Site de Paysage montagneux et pittoresque, représenté à l'effet du Lever de la Lune; la partie droite offre une Rivière où des Pêcheurs sont occupés à retirer leurs Filets. T. haut. 63, larg. 80 c.

LE PENDANT.

3. — Un autre Point de Vue de Paysage avec Masse de Rochers garnis d'Arbres dans toute la partie gauche, et surmontés d'une Fabrique indiquant une Chapelle. Sur le second Plan et dans le milieu, est un Chemin sablonneux où sont des Villageois qui conduisent leurs Troupeaux. Ces deux bons Tableaux, touchés avec facilité et d'un bon ton de couleur, justifient la réputation de leur Auteur.

B.

BASSAN (L.).

4. — Jésus-Christ arrêté par les Juifs dans le

TABLEAUX.

Jardin des Olives. Cette composition, de plus de treize figures, offre un morceau d'une grande force de couleur jointe à une grande entente de clair obscur. B. haut. 50, larg. 60 c.

BOURDON (S.).

5. — Une des Productions connues sous le titre des *Bambochades* de ce Peintre. On y voit, à la porte d'un Cabaret, divers Personnages, dont une Mère assise et allaitant son Enfant, deux Hommes occupés à boire, tandis qu'un troisième cause avec une jeune Femme qui tient une Bouteille d'osier. La renommée des Ouvrages de ce Peintre, nous dispense d'entrer dans de plus grands détails pour fixer l'attention des curieux. B. haut. 37, larg. 28 c.

BREEMBERG (B.).

6. — Dans l'Intérieur des Ruines d'un ancien Monument, le Peintre a représenté la Samaritaine devant Jésus-Christ, qui est assis près du Puits. Sur un Plan éloigné et près d'une Table de pierre, on distingue encore quelques Personnages. Ce petit morceaux est précieux d'exécution et vigoureux de couleur. B. haut. 20, larg. 22 c.

TABLEAUX.

BREEMBERG (B.).

7. — Point de Vue d'un site d'Italie avec Montagnes surmontées de Fabriques. Les premiers Plans, à droite, sont enrichis de diverses Figures, dont deux qui dansent tandis que les autres les regardent. Petit morceau rendu avec beaucoup de finesse dans ses détails. *C. haut.* 22, *larg.* 28 *c.*

BOONEN (Arn. de).

8. — Diane allant à la chasse, et accompagnée de deux de ses Nymphes. Ces trois belles Figures sont représentées jusqu'aux genoux dans l'intérieur d'une épaisse Forêt, où le Soleil perçant à travers les Arbres, éclaire d'une manière piquante et vraie cette Déesse et ses compagnes. Nous devons annoncer ce morceau comme une des plus heureuses et des plus éclatantes productions de ce Peintre. *T. haut.* 57, *larg.* 52 *c.*

PAR LE MÊME.

9. — Une Composition de deux Figures vues jusqu'aux genoux, offrant une jeune Fille prétant attention aux discours de sa Mère, qui sem-

TABLEAUX.

ble, par son geste, lui recommander de ne point laisser échapper son Oiseau qu'elle tient enfermé dans un Coffre. Ce sujet, qui paraît avoir son but moral, est traité avec beaucoup de finesse et d'esprit, et doit, sous ce rapport comme sous celui de l'Art intéresser tous les Amateurs. *T. haut.* 42, *larg.* 33 *c.*

PAR LE MÊME.

10. — Dans un fond de Paysage mystérieux et sévère, le Peintre a placé Vénus assise auprès d'un Lac d'où elle vient de sortir après s'être baignée avec l'Amour, qui lui verse sur la jambe de l'eau qu'il vient de puiser dans son carquois. Il règne autant de grâce dans la figure de la Déesse, que de souplesse et de naturel dans sa pose; et nous croyons devoir recommander ce Tableau, qui réunit à l'agrément du sujet, une belle conduite de couleur, et l'exécution la plus précieuse dans toutes les parties. *T. haut.* 40, *larg.* 47 *c.*

299 *Bourmester*

PAR LE MÊME.

11. — Intérieur d'Appartement où l'on voit un jeune Homme assis et appuyé sur une Table

81 - *francilion*

TABLEAUX.

Il tient d'une main sa Pipe, et de l'autre un Réchaud de feu. Ce morceau, représenté à l'effet de la lumière, est aussi juste que piquant, et offre un des meilleurs Ouvrages de ce Peintre, qui a toujours suivi la manière de *Schalken*. *T. haut.* 38, *larg.* 30 c.

BRAMER (L.).

12. — La Madeleine en méditation devant un Autel où sont placés des Livres et autres accessoires analogues au sujet. Cette figure drapée de bon style, ressort avec vigueur sur un fond de muraille entièrement sacrifié. *B. haut.* 35, *larg.* 29 c.

BEGA (C.).

13. — Un Chimiste dans son Laboratoire est occupé près de son Fourneau. Nombre d'accessoires, comme Vases, Poterie, Livres et Ustensiles de son Art, ajoutent à l'intérêt de ce joli morceau, que l'on peut classer au nombre des bons Ouvrages de ce Maître. *B. haut.* 34, *larg.* 20 c.

PAR LE MÊME.

14. — Un sujet d'Intérieur de Ménage. On y

TABLEAUX. 7

voit dans le milieu un Homme tenant sa Pipe, et près de lui une Femme occupée à faire sa cuisine. Différens Ustensiles et Accessoires garnissent les premiers Plans. *T. haut.* 36, *larg.* 30 c.

BERGEN (D.-V. DEN).

15. — Une Villageoise assise à la porte de sa Chaumière et allaitant son Enfant, tandis qu'un Pâtre est debout devant elle, et lui parle. Les premiers Plans sont couverts d'Animaux divers, parmi lesquels on distingue une belle Vache blanche couchée, et un Mouton. Tous ses détails ressortent et se détachent sur un fond de paysage richement garni d'Arbres, avec Montagnes et Fontaines. Ce Tableau est précieux et d'un bon choix parmi les nombreux Ouvrages de Van Bergen, qui a le plus approché de la belle manière de *Van den Velde*. *T. haut.* 37, *larg.* 48 c.

LE PENDANT.

16. — Point de Vue d'un Paysage agreste, dont l'effet indique une belle Soirée. Les premiers plans sont enrichis de divers Bestiaux, parmi lesquels on remarque une Vache paissant. Dans la demi-teinte on voit un Pâtre cau-

sant avec une Villageoise. Morceau encore de première qualité.

BERGEN (D. V. DEN).

17. — Point de Vue de Paysage, enrichi sur les devans de Bestiaux, parmi lesquels on distingue une Vache roussâtre qu'un Paysan est occupé à traire. On voit encore, sur la droite, une Villageoise tenant un Seau à sa main. Morceau d'une grande force de couleur. *B. haut.* 27, *larg.* 34 *c.*

BOUT ET BAUDWYNS.

18. — Deux charmans Sites de Paysages avec Rivières, Fabriques et Montagnes. Ils sont enrichis de nombre de jolies Figures de la touche la plus spirituelle, offrant dans l'un le sujet de la Pêche, et dans l'autre un Retour de Chasse. Ces morceaux, du meilleur choix dans leur genre, et traités avec le plus grand art dans tous leurs détails, méritent une place distinguée dans le cabinet le mieux composé. *B. haut.* 30, *larg.* 42 *c.*

BLOEMEN (P.-V.).

19. — Deux très-bons Tableaux : l'un repré-

TABLEAUX.

sente une Troupe de Voleurs attaquant un Détachement de Cavalerie, et l'autre une Halte de Militaires dans une plaine et près d'une Tente de Vivandiers. Le premier, composé avec beaucoup de feu et d'énergie, contraste parfaitement avec la composition simple du second, et présentent tous deux une aussi belle couleur qu'une grande finesse dans le dessin. T. haut. 70, larg. 95 c.

PAR LE MÊME.

20. — Un Personnage dans le costume d'un Chasseur et à cheval, accompagné de son Chien et traversant une plaine. Petit morceau piquant et de choix parmi les Ouvrages de ce bon Peintre. B. haut. 30, larg. 23 c.

BEGUIN.

21. — Dans un Site de Paysage pris à l'effet du Soleil couchant, et près d'une masse de Montagnes surmontées de quelques Fabriques, l'on voit divers Bestiaux gardés par un Pâtre et une Paysanne qui causent ensemble et sont assis auprès d'un gros Arbre dont les feuilles se détachent avec vigueur sur un ciel nuageux. Ta-

10 TABLEAUX.

bleau d'une belle couleur et d'une exécution facile. B. haut. 41, larg. 57 c.

BRACKEMBURG (Regnier).

22. — Intérieur de Chambre rustique. On y compte plus de vingt Personnages qui célèbrent la fête d'un Baptême. Scène plaisante offrant des caractères pleins de gaieté et d'expression. B. haut. 45, larg. 65 c.

BRECKELEMKAMP (Q.).

23. — Une vieille Femme assise dans un intérieur de Chambre rustique, contre une Table; elle a les mains jointes et paraît méditer sur la Bible qu'elle vient de lire. A droite est une Croisée ouverte qui éclaire le sujet et laisse apercevoir un fond de Paysage. Morceau plein de vérité et d'une bonne harmonie de couleur. B. haut. 50, larg. 43 c.

Par le même.

24. — Un Vieillard assis et appuyé sur une Table où il s'est endormi auprès de son Verre. Petit sujet plein de vérité et du meilleur ton de couleur. B. haut. 23, larg. 19 c.

TABLEAUX.

PAR LE MÊME.

25. — Sujet d'une vieille Femme dans l'intérieur d'une Chambre basse; elle est assise à côté de son Rouet, et occupée à dévider du Fil. Tableau d'une grande vérité, et touché avec autant de goût que de fermeté. B. haut. 40, larg. 30 c.

BURG (A.-V.-D.).

26. — Diane donnant ses ordres pour la chasse, à plusieurs Nymphes qui sont différemment occupées pour ce départ. Cette composition représentée dans un beau fond de Paysage, près d'un Palais de marbre, a fourni le moyen au Peintre de produire différens effets de soleil aussi vrais que piquans. Le précieux fini et le grand éclat du coloris indiquent que l'Auteur a été un des plus forts élèves de *Van der Werf*. B. haut. 53, larg. 45 c.

LE PENDANT.

27. — Le Sujet de Vénus près d'Adonis, et lui offrant une Rose. Ils sont accompagnés de deux Amours que l'on distingue dans un joli ton de demi-teinte. Tableau aussi agréable et précieux que le précédent.

TABLEAUX.

BREDAEL (Van).

28. — Point de Vue de Paysage, site d'Italie, enrichi de Ruines et de Fabriques. Tout le premier plan est couvert de diverses figures de Paysans qui conduisent leurs Bestiaux vers une Fontaine qui occupe la partie gauche. Morceau vrai dans ses détails et d'une excellente couleur. T. haut. 90, larg. 120 c.

C.

COYPEL (C.).

29. — Un Tableau de forme ovale en hauteur, représentant Alceste rendue à son mari par Hercule. On y voit Admète levant le voile dont sa femme est couverte, et manifestant sa surprise et sa joie. Ce joli morceau de chevalet présente un des Ouvrages les plus soignés et les plus gracieux de ce bon Peintre. T. haut. 48, larg. 44 c.

CUYP (le vieux).

30. — Le Sujet de l'Adoration des Bergers, représenté à l'effet de la nuit, dans une espèce de

TABLEAUX.

Grange ouverte dans la partie gauche, ce qui laisse voir dans l'éloignement un Site montagneux que le Peintre a enrichi de Figures offrant l'Annonce aux Bergers. Morceau d'une grande force de couleur. *B. haut.* 53, *larg.* 72 c.

D.

DIETRICI (E.).

31. — Buste d'Homme dans le costume turc. Il est vu de trois-quarts, tenant dans sa main un Croissant. Etude d'une riche couleur et facilement touchée dans le style de *Rembrandt. B. haut.* 31, *larg.* 24 c.

LE PENDANT.

32. — Il représente un Buste d'Homme sous le costume d'un Tartare. Morceau aussi vigoureux que le précédent.

DE FRANCE (DE LIÉGE).

33. — L'Intérieur d'une Forge de Cloutiers, représenté dans le moment du travail. On y voit nombre d'Ouvriers occupés, tandis que leur Chef

parle à deux Etrangers qui viennent visiter cet atelier. Cet Ouvrage nous paraît comporter tous les degrés de perfection en peinture qu'exigeait un pareil sujet, tant par la force du coloris, que par cette entente de clair-obscur qui conduit par sa magie à une étonnante illusion. B. haut. 46, larg. 64 c.

DE FRANCE (DE LIÉGE).

34. — Tabagie où l'on compte neuf Personnages, dont trois, à la droite du sujet, sont assis à une Table et causent ensemble. Du même côté est une Porte ouverte qui produit un effet de soleil très piquant : et par laquelle l'on voit entrer un Militaire donnant le bras à une jeune Femme. Au second plan, l'on distingue un Cocher de Fiacre qui ayant laissé sa voiture à la porte, se fait servir du vin au comptoir de la Cabaretière. B. haut. 46, larg. 52 c.

PAR LE MÊME.

35. — Le Pendant du précédent offre une Echoppe pittoresque où l'on sert la Soupe aux passans. L'on y voit un Homme occupé à manger, et un Crocheteur qui vient de terminer son frugal repas. Diverses autres Figures accessoires

TABLEAUX.

ajoutent encore à la richesse du sujet. Ce Peintre de mérite a su donner à ces compositions un grand intérêt par la vérité des situations, une bonne intelligence de couleur et des effets extrêmement piquans.

PAR LE MÊME.

36. — Dans l'intérieur d'une Taverne sont rassemblés des Recruteurs, dont plusieurs sont occupés à enrôler des Paysans. Parmi le nombre des personnages de cette composition, on voit plusieurs Femmes qui paraissent d'intelligence avec les Soldats. A droite est une grande Porte ouverte en arcade, à travers laquelle on aperçoit des Musiciens qui font danser. Ce sujet, richement traité, offre des effets piquans de lumière et une grande transparence de couleur. B. haut. 57, larg. 78 c.

DONG (V.).

37. — Groupe de Bestiaux dans un fond de Paysage et devant une Ferme. Joli Tableau d'un excellent ton de couleur, et touché avec autant de goût que de facilité dans la manière de *Potter*. l'artiste *Van Dong* a fait nombre d'Ou-

vrages tellement dans ce genre, que l'on en trouve dans différens Cabinets étrangers, sous le nom de *Paul Potter*. T. haut. 22, larg. 30 c.

DOUW (S.).

38. — Sujet d'un Rendez-vous de chasse à la porte d'une Auberge. Tout le premier plan est couvert de Cavaliers et de Chiens de différentes races. Ce morceau, d'un grand éclat de couleur, est aussi de la touche la plus ferme. B. haut. 55, larg. 80 c.

G.

GOEBOUW (A.).

39. — L'Intérieur d'un Ménage rustique où l'on voit douze Figures, parmi lesquelles on distingue une vieille Femme occupée à filer. Ce tableau piquant dans son effet général, et d'une touche ferme et spirituelle, fait connaître un maître qui a été jusqu'alors ignoré dans la curiosité. B. haut. 41, larg. 35 c.

GRAAT (B.).

40. — Dans un Appartement on voit un jeune

TABLEAUX. 17

Homme richement vêtu, qui semble présenter une Collation à une belle Femme qui est assise sur le premier plan à gauche. Derrière elle est une Vieille qui paraît lui parler, tandis qu'un Nègre lui offre à genoux des Biscuits. Une Table couverte d'un beau Tapis et chargée d'une Jatte de fruits, contribue, avec différens accessoires, à la richesse de cette gracieuse composition, dont l'auteur s'est toujours plu à suivre la belle manière des *Terburg*, *Metzu* et *Netscher*. *T. haut.* 52, *larg.* 42 *c.*

GERARDS (G.).

41. — Paysage garni de grands Arbres et près d'une Ferme. On y voit un groupe de Soldats, dont deux occupés à jouer, et une jeune Femme qui les regarde. L'effet de ce tableau, d'une touche précieuse et soignée, indique la fin du jour. *B. haut.* 48, *larg.* 40 *c.*

GOYEN (V.).

42. — Un Point de Vue de la mer à Scheveling. Le rivage est entièrement couvert de nombre de Figures et Chariots. On voit encore sur une Eminence à droite, la Tour de ce village, e

plusieurs Personnages, dont deux à cheval, qui semblent jouir du coup-d'œil d'une aussi grande étendue de mer. Ce morceau est d'une grande transparence de couleur et touché avec beaucoup d'esprit. *B. haut.* 42, *larg.* 63 *c.*

GRIFF (J.-V.).

43. — Un Valet de chasse occupé à charger son Fusil, et entouré de plusieurs Chiens dans un fond de Paysage. Les Animaux sont touchés avec le goût et l'esprit ordinaires à ce Maître. *B. haut.* 28, *larg.* 39 *c.*

H.

HOECK (R.-V.).

44. — Tour d'observation sur une Elévation de terre, avec Ecluse sur la partie gauche. Petit morceau piquant enrichi de diverses Figures. *B. haut.* 28, *larg.* 22 *c.*

HELMONT (V.).

45. — Le Sujet d'un Chimiste dans son Laboratoire : on le voit au milieu, entouré d'Us-

tensiles et tenant un Livre ouvert dans le moment où il réfléchit sur ce qu'il cherche : dans le fond et sur différens plans sont encore plusieurs de ses Elèves occupés de chimie et d'autres détails. *T. haut.* 40, *larg.* 57 c.

HOET (G.).

46. — Ulysse jeté par un naufrage dans l'île des Phéaciens. Il est représenté nu, prosterné devant une Princesse qui semble l'accueillir, et lui fait donner des vêtemens. Cette composition, de plus de trente Figures, offre dans le milieu un groupe de plusieurs belles Femmes aussi variées d'ajustemens que de caractère. Sans doute que les Amateurs distingueront aussi ce morceau, tant par son précieux fini que par la grande force de sa couleur. *B. haut.* 40, *larg.* 54 c.

PAR LE MÊME.

47. — Le Sujet de Diane accompagnée de toutes ses Nymphes et découvrant la grossesse de Calisto. Cette scène se passe dans un riche Paysage traversé par une Rivière qui baigne un Rocher surmonté de Ruines de monumens. Le Peintre a su, dans cette composition aimable, di-

versifier ses groupes et donner à toutes ses Figures l'expression et le mouvement qui leur étaient convenables, et tous les détails en sont rendus avec cette finesse de touche et cette fraîcheur de coloris qui distinguent ses meilleures productions. *C. haut.* 34, *larg.* 44 *c.*

HOET (G.).

48. — Tomyris, après avoir vaincu Cyrus, qui avait tué son fils, lui fait trancher la tête, et ordonne qu'on la jette dans une outre pleine de sang, en lui adressant ces mots : « Rassasie-toi du sang dont tu as été altéré ». Cette reine est représentée à gauche sur les marches de son palais et entourée de toutes les femmes de sa cour. Du côté opposé sont des Prisonniers enchaînés, dont deux sont à genoux. Ce morceau joint à la finesse du pinceau une des compositions marquantes de ce Maître. *T. haut.* 52, *larg.* 63 *c.*

PAR LE MÊME.

49. — Le Sujet de Vénus accompagnée des Grâces et de nombre d'Amours, et recevant les hommages de Mars que l'on voit à ses genoux. Cette composition, aussi heureuse qu'agréable

TABLEAUX.   21

est représentée dans un fond de Paysage mystérieux, et traitée dans tous ses détails avec l'intelligence du clair obscur le plus harmonieux. Nous ne doutons point que ce Morceau précieux ne soit distingué comme une des plus heureuses Productions de cet aimable Peintre. C. haut. 34, larg. 44 c.

PAR LE MÊME.

50. — La Reine de Saba à la cour de Salomon. Composition nombreuse en Figures qui se détachent toutes sur un beau fond d'Architecture. A la gauche on voit plusieurs Esclaves chargés de Présens, et qui sont suivis d'une grande multitude de Peuple et de Soldats. Tableau très-fin de touche et d'une grande richesse dans tous ses détails. T. haut. 45, larg. 55 c.

PAR LE MÊME.

51. — Le Sujet des Danaïdes occupées à remplir dans le Tartare un Tonneau percé, châtiment auquel elles avaient été condamnées par Jupiter, pour avoir assassiné leurs maris. Cette riche Composition, qui offre un nombre de belles femmes groupées avec art, et admirablement

contrastées dans leurs mouvemens, présente aussi un des Ouvrages les plus heureux et les plus flatteurs de cet habile Peintre. B. *haut.* 40, *larg.* 54 c.

HEUGSTERVELD (J.).

52. — Intérieur d'un Appartement où l'on voit à la droite une jeune Dame vêtue d'un manteau de lit et d'une jupe de satin blanc. Elle est assise, lisant un papier et tenant un chien épagneul sur ses genoux. Près d'elle et contre une Table couverte d'un tapis de Turquie, est sa Servante qui porte une Aiguière sur son Plat. Morceau plein de vérité, ainsi que d'une grande harmonie de couleur. T. *haut.* 86, *larg.* 76 c.

HUGTEMBURG (J.-V.).

53. — Attaque d'un Convoi militaire. Cette action, rendue avec énergie, se passe au détour d'un chemin dans une vaste campagne. On y voit plusieurs Cavaliers qui prennent la fuite à la vue de leurs camarades tués et démontés. Il est impossible de présenter un Tableau de meilleur choix de ce bon Peintre : il réunit à une grande

TABLEAUX. 23

force de couleur divers effets piquans qui lui donnent beaucoup d'éclat. *T. haut.* 46, *larg.* 55 *c.*

LE PENDANT.

54. — Un autre Tableau encore aussi recommandable que le premier. Il représente le Point de Vue d'un Champ de bataille, avec Escarmouche de Cavalerie sur tout le premier plan.

PAR LE MÊME.

55. — Halte militaire près d'une Tente de Vivandiers dans une vaste campagne. Morceau d'un riche détail, d'une bonne harmonie de couleur, et touché avec autant de goût que de facilité. *T. haut.* 46, *larg.* 63 *c.*

HEUSCH (G. DE).

56. — Un riche et pittoresque Point de Vue de Paysage, site de Roches, avec Chûtes d'eau tombant en cascades et formant un lac qui occupe toute la partie gauche du sujet. A droite est un Tertre surmonté de quelques Arbres légers qui se détachent sur un ciel brillant indiquant une belle matinée d'été. Du même côté, sur le premier plan, on voit un Pâtre et une Villageoise

conduisant leurs Troupeaux. Dans le fond l'on distingue encore une grande étendue de pays fermée par de hautes Montagnes qui terminent l'horizon.

LE PENDANT.

57. — Un autre Tableau offrant un Paysage aussi frais qu'agréable, traversé dans la partie gauche par un bras de Rivière. A la droite s'élève une belle masse d'Arbres près desquels est un Chemin où passe un Chasseur à cheval, suivi de son Valet et de ses Chiens.

Ces deux Tableaux sont du meilleur goût, et de la touche légère et spirituelle ordinaire à ce Peintre, qui a étudié avec succès la brillante manière de *J. Both. B. haut.* 35, *larg.* 46 *c.*

HAGEN (V. D.).

58. — Le Sujet de l'Ange et du jeune Tobie tenant le Poisson qu'il vient de tirer d'un Fleuve qui occupe la partie gauche, et tombe en cascade sur les premiers plans. La droite est enrichie de grands Arbres largement feuillés. *B. haut.* 51, *larg.* 41 *c.*

TABLEAUX.

HEEMSKERK (J.).

59. — Petit Tableau Sujet d'Intérieur, offrant un Médecin de village tâtant le pouls d'une Malade que l'on voit assise sur le premier plan, tandis qu'il consulte une Fiole d'urine. Morceau d'une bonne conduite de couleur et d'une grande intelligence de clair obscur. *B. hauteur* 18, *largeur* 25 *c.*

LE PENDANT.

60. — Un autre Tableau représentant trois Paysans jouant au Trictrac avec une Femme.

PAR LE MÊME.

61. — Un Tableau très-fin, Sujet d'un Intérieur rustique, où sont des Paysans prenant leur repas. On en distingue un qui dit son *Benedicite*. Joli Morceau touché avec esprit et chaud de couleur. *B. haut.* 34, *larg.* 27 *c.*

J.

JARDIN (K. DU).

62. — Deux Tableaux composés chacun d'une

26 TABLEAUX.

Figure de proportion naturelle et vue à mi-corps : dans l'un est un Berger tenant une Flûte à la main, et dans l'autre une jeune Villageoise appuyée sur son Tambour de Basque, tous deux couronnés de feuillages et de fleurs. Ces Morceaux, brillans de couleur et d'exécution, sont d'autant plus rares et curieux, qu'ils sortent du genre ordinaire à ce Maître, et qu'ils présentent deux sujets vraiment distingués pour les hauts d'une belle Galerie. *T. haut.* 95, *larg.* 68 c.

K.

KIERINGS.

63. — Un fort bon Tableau de Paysage enrichi sur le devant d'une Danse de Nymphes indiquant un sujet des Métamorphoses. Morceau brillant et d'un agréable détail. *B. haut.* 61, *larg.* 72 c.

KESSEL (V.).

64. — Un Intérieur de Tabagie. On y voit sur le devant, comme principale figure, un Paysan assis près d'un Tonneau et tenant sa Pipe. Dans le

fond, à gauche, on voit encore un Groupe de Personnages, dont plusieurs jouent aux Cartes. C. haut. 21, larg. 29 c.

KULEMBURG.

65. — Grotte pittoresque avec plusieurs Percés sur la campagne, et enrichie d'une Source où l'on voit des Femmes qui se baignent. Ce Tableau, d'une bonne intelligence dans son effet, est aussi d'une excellente couleur. B. hauteur 48, larg. 56 c.

KALF (G.).

66. — L'Intérieur d'une Cuisine remplie d'Ustensiles de ménage et de quelques Légumes. Les productions de ce Peintre sont estimées sous le rapport d'une grande force de couleur, de beaucoup de vérité et de goût dans la touche. B. haut. 24, larg. 32 c.

L.

LAURI (P.).

67. — Cette riche Composition offre le Triom-

phe de Bacchus. On y voit au milieu ce Dieu sur un Char traîné par des Panthères. Il est suivi de Nymphes et de Faunes auxquels il verse du vin. Toutes les figures se détachent harmonieusement sur un fond de Paysage traité avec autant de goût et d'esprit que tous les autres détails de ce Sujet. C. haut. 36, larg. 49 c.

LAURI (P.).

68. — Le Sujet de Diane surprise au Bain par Actéon. Composition de huit Figures agréablement contrastées, dans un fond de Paysage du ton le plus argentin. Morceau aussi gracieux par le sujet que par son exécution.

PAR LE MÊME.

69. — Diane découvrant la grossesse de Calisto. Composition gracieuse dans un fond de Paysage d'un ton harmonieux et argentin. T. haut. 34, larg. 51 c.

LECLERC (S.).

70. — Le Sujet d'Hercule domptant Achéloüs, qui s'était métamorphosé en Taureau pour lui disputer Déjanire qui lui avait été promise.

TABLEAUX.

Ce combat se passe dans une arêne en présence d'Œnée, père de Déjanire, et de sa fille, qui sont sur un Trône près duquel est un Amphithéâtre où sont placés les juges qui devaient décerner la couronne au vainqueur. Des deux côtés sont des Guerriers qui semblent prendre part à cette action. Sur le premier plan, à droite, on voit encore trois Naïades qui désignent le fleuve Thoas, dans lequel le vaincu fut contraint de se cacher, et lui donna depuis le nom d'Achéloüs. Ce Tableau joint à beaucoup de richesse et de mouvement dans la composition, une exécution aussi brillante que soignée. *C. haut.* 35, *larg.* 49 c.

LIEVENS (J.).

71. — Un Religieux dans une Grotte. Il semble inspiré, et médite sur ce qu'il va écrire dans un grand Livre posé sur une Pierre. Cette Figure, vue jusqu'aux genoux, est pleine d'expression, et tous les détails en sont rendus avec force et vérité. *B. haut.* 30, *larg.* 24 c.

LOO (J.-V.).

72. — Jeune Homme d'une figure riante, dans

30 TABLEAUX.

le costume hollandais, et vu à mi-corps. Il tient d'une main un Verre rempli de vin, et de l'autre un Biscuit. Ce Morceau de caractère joint à la franchise de la touche un effet juste de couleur. *T. haut.* 70, *larg.* 56 *c.*

LAENEN (V.-D.).

73. — Composition plaisante sous un péristile d'Architecture, indiquant le Sujet de l'Enfant prodigue à table avec ses Maîtresses. Tableau très-brillant de couleur et d'une exécution facile et précise dans tous ses détails. *T. haut.* 60, *larg.* 75 *c.*

LUNDENS (G.).

74. — L'Intérieur d'une Chambre rustique où l'on voit une Femme occupée à faire des Beignets, auprès de deux jeunes Garçons. Petits Sujets pleins de vérité. *B. haut.* 24, *larg.* 17 *c.*

PAR LE MÊME.

75. — Musico ou Cabaret hollandais où sont plusieurs Personnages qui semblent s'amuser entr'eux. *T. haut.* 31, *larg.* 41 *c.*

TABLEAUX.

LEW (P.-V.-D.).

76. — Sujet d'une jeune Villageoise se lavant les Jambes dans un Lac en gardant ses Troupeaux. Tous les détails de cette Composition se détachent sur un fond de Paysage entièrement garni d'Arbres dans toute la partie droite. B. haut. 29, larg. 39 c.

M.

MOLA (F.).

77. — Léda représentée sur un Lit richement drapé et recevant les caresses de Jupiter métamorphosé en Cygne. Ces deux Figures se détachent avec force sur un beau fond de Paysage que le Peintre a sacrifié avec art pour faire ressortir son sujet, où il a su joindre au charme du coloris la grâce, l'expression et la finesse que l'on trouve toujours dans les Ouvrages de l'*Albane*. T. haut. 35, larg. 50 c.

MIEL (J.).

78. — Réunion de Mendians sous une partie

de Ruines, et se prenant de querelle à la suite d'un repas. On en distingue deux qui se menacent. A la gauche et sur le premier plan, on voit un Puits et divers Ustensiles de ménage. Morceau d'une excellente couleur, touché avec énergie et offrant une grande vérité de caractère dans toutes les figures. *T. haut.* 72, *larg.* 98 *c.*

MIERIS (W.).

79. — Dans un Intérieur d'Appartement et sur la partie droite du premier plan, l'on voit une jolie Femme assise près d'une Table couverte d'un beau Tapis de Turquie; elle tient un joli Chien épagneul dans ses bras. Un Vieillard, qui paraît être son père, est appuyé sur son épaule, et figure avec intérêt dans ce Sujet. Une grande Croisée ouverte sur la gauche, découvre l'entrée d'un Parc décoré de Statues et d'une belle Fontaine. Ce Morceau, d'une composition aussi simple que vraie, est terminé dans tous ses détails avec beaucoup de finesse. *B. haut.* 37, *larg.* 32 *c.*

PAR LE MÊME.

80. — Deux précieux Tableaux représentant,

TABLEAUX.

l'un, un Militaire tenant sa Pipe dans le moment de réflexion, et l'autre, une belle Femme tenant l'oreille de son Chien. Ces deux Personnages, vus à mi-corps dans de riches habillemens, offrent une grande force de coloris et l'exécution la plus soignée dans tous les détails. *B.* haut. 17, larg. 13 c.

MOUCHERON (F.).

81. — Un Tableau de Paysage du meilleur goût, couvert en grande partie d'Arbres légèrement feuillés. A gauche est un Pont de Pierre appuyé contre de riches Côtaux et Montagnes. Il est enrichi de quelques Figures, parmi lesquelles on distingue un Dessinateur assis au pied d'un Arbre. *T.* haut. 56, larg. 80 c.

MICHAUX (T.).

82. — Un beau Site de Paysage de la Flandre, enrichi, sur différens plans, de plusieurs Groupes de Cavaliers qui semblent accompagner un Convoi. Ce Morceau, d'une excellente couleur et d'une grande finesse de ton, peut être comparé aux meilleurs Ouvrages de *Van der Meulen.* *T.* haut. 55, larg. 85 c.

TABLEAUX.

MICHAUX (T.).

83. — Un très-petit Tableau de Paysage et Point de Vue de Mer, avec Cavalier sur le premier plan. *B. haut.* 13, *larg.* 19 c.

MOLLYN (P.).

84. — Un charmant Point de Vue de Paysage, indiquant, par un Clocher que l'on aperçoit derrière un bouquet d'Arbres, un Site de Village de la Hollande. Le premier plan offre un Terrain sablonneux où frappe le soleil; il est est encore enrichi de diverses Figures touchées avec l'esprit d'*Ostade*. Nous pouvons offrir ce Tableau comme un des plus piquans de ce Maître, tant par le brillant de la touche que par la vérité de l'effet. *B. haut.* 32, *larg.* 41 c.

MAAS (D.).

85. — Paysage pittoresque indiquant un Rendez-vous de Chasse dans une Forêt et près d'une belle Fontaine décorée de Statue et Jet d'eau, qui occupe sur un plan reculé la gauche du Sujet. Morceau très-agréable dans tous ses détails, et d'une exécution soignée. *T. haut.* 55, *larg.* 68 c.

TABLEAUX.
LE PENDANT.

86. — Le Sujet d'une Collation au retour d'une partie de chasse, représenté dans un Site de Paysage enrichi de Fontaines et de Monumens. On remarque à la gauche et sur le premier plan, un Piqueur tenant deux beaux Chevaux par la bride, dont un blanc couvert d'une housse bleue brodée en or. Il est vu en raccourci, et d'un dessin fin et correct. Ce Tableau offre encore le même intérêt que le précédent, par la richesse de ses détails.

MEER (V.-D. LE VIEUX).

87. — L'Intérieur d'une Forêt avec Terrain sablonneux sur le premier plan où sont arrêtés et assis divers Paysans, Femmes et Enfans. B. hauteur 66, larg. 53 c.

LE PENDANT.

88. — Il représente également un Intérieur de Forêt où l'on voit des Bûcherons qui se reposent. Ces deux Morceaux joignent à un coloris chaud et vigoureux une exécution ferme et pleine de goût.

MOLNAERT (K).

89. — Point de Vue de Paysage avec Moulin à vent sur un Massif d'ancienne construction de briques. A gauche s'élèvent de grands Arbres qui se détachent sur un ciel nébuleux. Ce Tableau, du meilleur effet et d'une grande transparence de couleur, peut rivaliser avec les Ouvrages de *J. Ruisdaël. B. haut.* 39, *larg.* 47 *c.*

PAR LE MÊME.

90. — Autre Point de Vue de Village enrichi de différentes Habitations de Paysans occupant toute la partie droite. Les premiers plans, du même côté, sont couverts de nombre de Personnages indiquant une fête qui se passe au-dehors d'un Cabaret. Tableau chaud et vigoureux de couleur. *B. haut.* 46, *larg.* 62 *c.*

PAR LE MÊME.

91. — Nombre de Voyageurs arrêtés à la porte d'un Cabaret entouré d'Arbres et de plusieurs Habitations d'un Village. Morceau encore très-fin de couleur, et aussi agréable de site que de composition. *B. haut.* 45, *larg.* 62 *c.*

TABLEAUX. 37

PAR LE MÊME.

92. — Point de Vue d'une grande Rivière, avec Chaumière et Tour sur la droite indiquant un Passage d'eau. Petit Morceau de goût, enrichi de diverses Barques et Bateaux, et pris à l'effet d'une soirée. B. haut. 29, larg. 39 c.

PAR LE MÊME.

93. — Point de Vue d'une Eglise dans un fond de Paysage mêlé d'Eau et traversé par différens Chemins. Petit Morceau d'une touche de goût, enrichi de quelques Figures. B. haut. 40, larg. 33 c.

MEER (V.-D. DE JONGH).

94. — Un bon Tableau de Paysage enrichi, sur les devans, d'un Ane, d'une Chèvre et de plusieurs Moutons que garde un jeune Pâtre accompagné de son Chien. T. haut. 47, larg. 56 c.

LE PENDANT.

95. — Un autre Point de Vue de Paysage. Le premier plan, à gauche, offre un Troupeau de Bœufs, Moutons, Anes et Chèvres, près duquel

on voit une Paysanne occupée à filer, et assise près d'une Chaumière qui est à la droite de cette Composition.

MEYER (H.-D).

96. — Le Sujet d'une Attaque de Cavalerie sur un Pont. Composition traitée avec beaucoup de feu et de mouvement. *B. haut.* 34, *larg.* 48 *c.*

MY (H.-V.-D.).

97. — Une Mère de famille dans l'intérieur de son Ménage, assise et allaitant son Enfant, tandis qu'à sa droite deux Garçons et une petite Fille se partagent des Limaçons et des Crabes. Le Sujet tire sa lumière par une Croisée placée du même côté. Tout le Tableau, ainsi que nombre de détails et accessoires, sont rendus avec une grande finesse et le plus brillant coloris. *B. haut.* 40, *larg.* 34 *c.*

PAR LE MÊME.

98 — Le Sujet de Tarquin et Lucrèce. Figures de proportion, quart de nature. On distingue, dans une forte demi-teinte, un Nègre qui semble effrayé. Ce Morceau de caractère et rempli d'ex-

pression, offre un pinceau habile et une belle conduite de couleur. B. haut. 44, larg. 38 c.

N.

NETSCHER (S.).

99. — Le Portrait d'un Musicien. Il est représenté assis près d'une Table couverte d'un Tapis et tenant un Livre, la tête tournée presque de face, et ajusté d'une large robe de chambre de soie jaunâtre. Ce Tableau, qui présente une grande vérité, se trouve signé sur le Forte-Piano, l'un des principaux accessoires. T. hauteur 41, larg. 34 c.

PAR LE MÊME.

100. — Un autre Portrait d'un Peintre vu de trois-quarts, dans un riche costume et tenant sa Palette. Précieux morceau de forme ovale, en hauteur. C. haut. 20, larg. 16 c.

NEER (E.-V.-D.).

101. — Un joli Enfant représenté nu sur un Lit richement drapé d'une étoffe de soie ver-

dâtre. L'Artiste a choisi l'Intérieur d'un Péristile où l'on voit à gauche, dans l'éloignement, une Statue de marbre placée à l'entrée de la porte d'un Parc. Les Amateurs apprécieront sans doute l'exécution précieuse et soignée de cet agréable Morceau. B. haut 40. larg. 32 c.

NEER (E.-V.-D).

102. — Deux jeunes Enfans s'amusant à jouer avec un Oiseau qu'ils paraissent avoir déniché. Ces Figures, d'une carnation fraîche, se détachent avec vigueur sur un fond de Paysage du plus riche détail. B. haut. 25, larg. 20 c.

O.

ORLAY (R.-V.).

103. — Pallas représentée assise dans un riche Site de Paysage, et entourée de plusieurs Femmes qui sont occupées différemment autour d'elle pour l'habiller. A la droite sont deux Amours, l'un portant son Casque, et l'autre un Bouclier. Composition gracieuse traitée dans un excellent ton de couleur. T. haut. 52, l. 76 c.

TABLEAUX.

OSTADE (J.-V.).

104. — L'Intérieur d'une Grange où sont rassemblés trois Paysans occupés à boire et à fumer : on en distingue un quatrième, dans la demi-teinte, contre un Poteau. Ce Morceau, fait au premier coup, est d'un bon goût de couleur. B. haut. 30, larg. 37 c.

PAR LE MÊME.

105. — Plusieurs Paysans à la porte de leur Chaumière, écoutant un Mendiant jouant de la Vielle, et qui est suivi de plusieurs Enfans. Ce Tableau, d'un bon ton de couleur et harmonieux dans son effet, peut être, ainsi qu'on le pense, de la première manière d'*Adrien Van Ostade*. B. haut. 28, larg. 23 c.

P.

PALAMÈDES.

106. — L'Intérieur d'un Corps-de-Garde où sont plusieurs Militaires, dont un, assis à gauche

du Sujet, sonne de la Trompette ; devant lui est une Femme portant un Enfant qui semble s'amuser de ce bruit. A droite, sur un plan reculé et dans une demi-teinte harmonieuse, on distingue deux Soldats qui jouent aux dés. La grande force du coloris et l'exécution large et précieuse de ce Morceau, doivent le faire distinguer parmi les Productions de ce bon Peintre. T. haut. 61, larg. 75 c.

POELIMBURG (C.).

107. — Le Sujet gracieux de trois Nymphes qui paraissent sorties du bain. Ces Figures, d'une proportion d'environ 8 pouces, se détachent en clair sur un Paysage du ton le plus vigoureux. Morceau piquant et très-fin de couleur. B. haut. 30, larg. 25 c.

PAR LE MÊME.

108. — Un joli Site de Paysage, dont la partie gauche est entièrement occupée par une Masse de Roches surmontées d'Arbres. A da droite, et sur le premier plan, sont des Figures de Baigneuses ; le fond, du même côté, est terminé par un Lointain de Montagnes. B. haut. 20, larg. 25 c.

TABLEAUX. 43

PAR LE MÊME.

109. — Une vaste étendue de Campagne d'Italie, mêlée de Fabriques, avec Masse de Roches sur la droite, au pied desquelles le Peintre a placé de jolies Figures, sujet du *Repos de la Sainte Famille*. Morceau très-fin de couleur et très-précieux dans tous ses détails. B. haut. 18, larg. 24 c.

LE PENDANT.

110. — Un Site de Paysage dans le style du précédent, avec le Sujet du *jeune Tobie accompagné de l'Ange*. Tableau aussi précieux que le précédent.

PAR LE MÊME.

111. — Sujet de la Madeleine en extase à l'apparition d'un Groupe d'Anges qui portent une Croix. Morceau plein d'expression et d'une grande force de couleur. B. haut. 24, larg. 19 c.

PETERS (D.).

112. — Un Site de Paysage le plus frais, avec Rivière où sont rassemblées plusieurs

Femmes pour une partie de bain. Morceau gracieux par le sujet. *T. haut.* 44, *larg.* 64 *c.*

R.

RICAERT (DOMINIQUE).

113. — Un Intérieur de Cuisine remplie, dans toute la partie droite, de différens Ustensiles, Légumes et Poissons. A la gauche, et sur le premier plan, se voit une vieille Femme endormie sur sa Chaise; dans l'éloignement on distingue encore deux Paysans qui causent devant une Cheminée. Ce Morceau, intéressant dans tous les détails, se rapproche beaucoup de la manière de *Teniers*, dont l'Auteur était un des bons Elèves. *B. haut.* 41, *larg.* 63 *c.*

RYCKAERT (D.).

114. — Un Militaire endormi et appuyé sur un Oreiller : il est vu jusqu'aux genoux, les mains l'une dans l'autre. Excellente Etude pour la touche et le goût de la couleur. *T. haut.* 33, *larg.* 27 *c.*

TABLEAUX.

RUISDAEL (S.).

115. — Point de Vue de Paysage avec Chaumières situées au bord d'un Canal, et enrichi de quelques Bestiaux sur la droite : à gauche on voit un Bateau chargé de deux Bœufs et de leurs Conducteurs qui traversent l'eau. B. haut. 38, larg. 48 c.

ROMBOUTS (T.).

116. — L'Intérieur d'une Forêt coupée par plusieurs Chemins, où l'on voit diverses Figures, parmi lesquelles on distingue des Chasseurs à cheval, accompagnés de leurs Chiens. Morceau d'une grande force de couleur, d'une touche ferme et précieuse, et que l'on peut regarder comme étant du meilleur choix parmi les nombreux Ouvrages de cet excellent Paysagiste. T. haut. 50, larg. 66 c.

REGEMORTEN.

117. — Point de Vue d'un Village, pris du côté d'une grande Place, et enrichi de nombre de Figures indiquant une Fête de Village. B. haut. 46, larg. 61 c.

TABLEAUX.

LE PENDANT.

118. — Autre Point de vue de Paysage à l'effet d'un clair de lune, avec Chaumière sur la gauche, et Moulin du côté opposé. Ces deux Morceaux sont d'un détail agréable et précieux.

[annotation: avec le N° 117]

S.

STELLA (J.).

119. — Un Tableau, du coloris le plus frais, offrant le Sujet de la Vierge assise et vue jusqu'aux genoux, tenant sur elle l'enfant Jésus. Ces deux Figures sont de proportion de nature. T. *haut.* 110, *larg.* 90 c.

[annotation: 23 c. nodin]

SEGHERS (G.).

120. — Le Sujet de la Madeleine couchée et en méditation devant un Crucifix. Le Peintre l'a placée dans un Paysage agreste et couvert d'Arbres qui se détachent avec vigueur sur un fond de Ciel où l'on voit des Anges, dont un tient une Couronne. Tableau d'une grande force de couleur et d'une touche ferme et hardie. C. *haut.* 67, *larg.* 84 c.

[annotation: 30. dufourc]

STEEN (J.).

121. — Dans un Site de Paysage couvert d'Arbres, le Peintre a représenté, de la manière la plus plaisante et la plus gaie, la parodie de l'*Enlèvement des Sabines*. La singularité de cette Composition pourrait donner lieu d'entrer dans nombre de détails, qui seront sans doute appréciés facilement par les Amateurs, et nous nous contenterons de fixer leur attention sur l'abondance et la singularité des idées de ce Peintre vraiment original, dont toutes les Productions sont spirituelles. *T. haut.* 67, *larg.* 84 *c.*

Par le même.

122. — Le Sujet d'une jeune Femme lisant une Lettre, et appuyée de la main gauche sur une Table couverte d'un beau Tapis. Devant elle est une Duègne qui semble attendre une réponse. Joli Morceau qui présente encore la finesse et l'intelligence de ce très-habile Peintre. *T. haut.* 32, *larg.* 28 *c.*

SLUYS (J.-V.-D.).

123. — Sujet de deux Figures vues à mi-

corps dans l'embrasure d'une Croisée, dont un
Militaire assis et buvant à la santé d'une jeune
Femme que l'on voit derrière lui. Ce joli Morceau est encore enrichi de divers Accessoires,
tels qu'une Epée, une Pipe, un Plat de Harengs
et quelques Draperies, rendus avec cette finesse
et cette vérité que l'on admire dans les précieux
Ouvrages de *Stingelland*. B. haut. 16, larg. 14 c.

STAVEREN (VAN).

124. — Un Hermite en prières dans une
Grotte pittoresque. On le voit à genoux, tenant un Crucifix dans ses mains, et lisant dans
un Livre placé sur une Pierre où l'on voit encore
un Sablier. Quelques Plantes, des Oiseaux et
Insectes contribuent à enrichir ce Sujet, qui
est traité avec beaucoup de finesse dans tous
ses détails, et totalement dans la manière de
Gérard Dow. B. haut. 45, larg. 35 c.

SANDERS (G.).

125. — Un Sujet des plus gracieux, offrant
plusieurs jolis Enfans jouant avec une Chèvre.
Cette Scène piquante se passe dans un riche fond
de Paysage, où l'on voit un Canal décoré d'un

TABLEAUX. 49

Jet d'eau. Ce Morceau joint à la fraîcheur du coloris, une touche facile et suave. B. haut. 35, larg. 43 c.

SCHOEWAERDTS (M.).

126. — Point de Vue d'un riche Paysage de la Flandre, traversé par une Rivière où se voient différentes Barques et Bateaux. Tous les premiers plans sont couverts d'une multitude de Figures indiquant une Fête de Village. B. haut. 40, larg. 55 c.

LE PENDANT.

127. — Il représente également un Paysage du plus riche détail, au bord d'un Fleuve, avec nombre de Figures attirées par une Fête sur l'eau.

T.

TOURNIERES (R.).

128. — Socrate accompagnant Alcibiade chez Aspasie. Dans le milieu de la Composition on voit cette Courtisane nue et assise sur un Lit de forme élégante : elle est au milieu de deux

de ses Suivantes qui sont occupées de sa Toilette. Ce Sujet, des plus aimables, est représenté dans l'Intérieur d'un Palais de riche architecture, et présente un coloris des plus frais, ainsi que l'exécution la plus précieuse dans tous les détails. B. haut. 48, larg. 60 c.

THEAULON.

129. — Deux petits Tableaux, Sujets d'Intérieurs, offrant, l'un un Personnage dans son Cabinet et taillant sa Plume, et l'autre un Hermite en méditation. Ces deux Morceaux, d'un bon effet de clair obscur, sont aussi d'une touche facile. B. haut. 17, larg. 13 c.

PAR LE MÊME.

130. — Portrait d'une jeune Fille vue à mi-corps et de trois-quarts, coiffée en Cheveux qui descendent en boucles sur ses Epaules. Morceau fin de couleur, et touché avec goût dans les Ajustemens. B. haut. 42, larg. 32 c.

TENIERS (D.).

131. — L'Intérieur d'une grande Chambre

TABLEAUX.

rustique, avec quelques distributions et détails indiquant une Grange. La partie gauche est enrichie de sept Figures de Paysans qui causent et fument devant une Cheminée. Dans le milieu, sur un plan éloigné, est une Porte ouverte sur la Campagne, d'où sort un effet de lumière qui éclaire une partie du Sujet, en ajoutant au piquant et à l'harmonie du clair obscur. A la droite, et dans l'effet de demi-teinte le mieux entendu, on voit un Valet de ferme sur une Echelle, et paraissant monter au Grenier. Ce Tableau, plein de vérité et d'une grande transparence de couleur, a été conservé nombre d'années dans un riche Cabinet où il jouissait de la plus grande considération : sans doute il sera également apprécié par les Amateurs, auxquels nous nous faisons un devoir de transmettre la tradition qui nous en a été donnée. B. haut. 42, larg. 52 c.

TERBURG (G).

132. — Sujet de trois Figures dans un Intérieur. On y voit une Dame jouant aux Cartes avec un Cavalier, et conseillée par un autre qui est à sa gauche. Petit Morceau précieux dans tous ses détails. B. haut. 23, larg. 18 c.

4..

TORENVLIET (J.).

133. — Une Composition de six Figures, dont le Personnage principal est une Marchande de Poissons qui tient un Hareng que paraît marchander une jolie Servante en Corset rouge, tandis qu'un petit Savoyard semble les interrompre pour leur demander l'aumône. Cette Scène naturelle est rendue avec toute l'expression et le mouvement convenables à chaque Personnage ; et nous croyons devoir fixer l'attention des Curieux sur ce Morceau, en les assurant qu'il est rare de rencontrer un Tableau plus parfait de ce Maître. *T. haut.* 45, *larg.* 36 *c.*

V.

VERKOLIE (N.).

134. — Le Sujet de Jupiter sous la figure de Diane, qui vient séduire la Nymphe Calisto. A droite on voit encore un Amour qui tient un Masque et est appuyé sur un Chien. Cette Composition gracieuse est traitée dans un fond de

TABLEAUX.

Paysage qui contribue à faire ressortir les Personnages, sur lesquels le Peintre a fait frapper le Soleil d'une manière piquante. La beauté des caractères de Têtes, et la grâce dans le mouvement et l'ajustement des Figures, contribuent, ainsi que la fraîcheur du coloris et le précieux de l'exécution, à faire regarder ce Morceau comme une des plus aimables Productions de cet Artiste. T. haut. 52, larg. 47 c.

PAR LE MÊME.

135. — Ruth et Booz dans un beau Site de Paysage où se fait la Moisson. Composition nombreuse en Figures, et de cette exécution précieuse si familière à cet Artiste. B. haut. 48, larg. 59 c.

VOYS (A. DE).

136. — Cette Composition de vingt Figures offre, suivant la tradition qui nous en a été donnée, une critique fine et spirituelle des dépenses énormes que Louis XIV fut obligé de faire pour se former un parti qui pût lui favoriser l'entrée en Hollande. Il se présenta tant de monde, qu'il fut obligé de cesser ses largesses,

moment que le Peintre a saisi et voulu exprimer par le Personnage que l'on voit au milieu du Sujet, et qui paraît montrer un Plat d'argent où il n'y a plus rien. L'Inscription hollandaise qui est au bas du Tableau, dit littéralement : *Il n'y aurait jamais assez de bouillie, s'il fallait en donner à tout le monde.* D'après cet énoncé, nous regardons ce Tableau comme aussi curieux sous le rapport de l'Histoire, qu'il est précieux sous celui de l'Art, tant par la variété des expressions et des divers Habillemens, que par la beauté de son coloris, et cette touche précieuse qui se rapproche le plus de la belle manière d'*Arry de Voys*. B. haut. 58, larg. 45 c.

VERBOOM.

137. — Un Site de Paysage pris à l'effet du Soleil couchant. La partie gauche offre un Massif de grands Arbres, à travers lesquels on aperçoit un lointain de Rivière et Montagnes. Sur le premier plan on voit un Paysan qui conduit un Mulet chargé, et qui paraît s'acheminer vers un Château fort que l'on distingue à droite, dans l'éloignement. B. haut. 41, larg. 32 c.

TABLEAUX.

PAR LE MÊME.

138. — Un Site de Paysage offrant l'entrée d'un Bois dans toute la partie gauche du Sujet, avec un Chemin frappé du Soleil, où passent quelques Paysans. A la droite est un Lac qui borde des Prairies terminées par de hautes Montagnes. B. haut. 43, larg. 63 c.

VERSCHURING.

139. — Combat particulier de deux Guerriers à cheval. Ils sont sur le premier plan, et au milieu d'une Plaine dont le lointain est enrichi de nombre de Figures indiquant le Sujet d'une Bataille. Ouvrage d'une touche libre et d'une bonne harmonie de couleur. B. haut. 30, larg. 60 c.

VERBECK.

140. — Petit Tableau très-fin, représentant un jeune Garçon tenant par la bride un Cheval blanc qui paraît attendre son Cavalier. Cette Composition naturelle se détache harmonieusement sur un joli fond de Paysage. B. haut. 20, larg. 17 c.

56   TABLEAUX.

VERWIET (T.).

141. — Le Jugement de Pâris. Composition de cinq Figures dans un fond de Paysage mêlé de Ruines. *B. haut.* 31, *larg.* 40 *c.*

VERTANGEN.

142. — Petit Sujet très-gracieux, représentant Diane au bain. Toutes les Figures se détachent sur un joli fond de Paysage mêlé de quelques Ruines, avec lointains de Montagnes. *C. haut.* 23, *larg.* 27 *c.*

W.

WINANTZ (J.) ET LINGELBACK.

143. — Un bon Tableau de Paysage, garni d'Arbres sur la gauche, avec une Haie qui entoure une Pièce de Chanvre : du même côté et dans un Chemin sablonneux, sont quelques Figures, dont une Femme portant un Paquet sur sa tête, et donnant la main à son Enfant. A droite est un lointain de Rivière qui se termine par des Dunes et des Montagnes. *T. haut.* 46, *larg.* 62 *c.*

TABLEAUX.

WINANTZ (J.).

144. — Une des plus brillantes Etudes de cet habile Paysagiste, offrant un beau Point de Vue de Paysage, dont la partie droite est occupée par un vieux Chêne, près duquel, et sur le premier plan, le Peintre a placé un Chardon. La gauche est enrichie d'un lointain de Rivière, avec quelques Fabriques, Plaines et Montagnes, qui se détachent harmonieusement sur un Ciel chaud et bien nuagé. Nous sommes assurés que les Artistes et les Connaisseurs partageront nos sentimens sur cette Production, que nous regardons comme une des plus fidelles et exactes représentations de la nature. *T. haut.* 65, *l.* 80 *c.*

WEENIX (J.).

145. — Un beau Chien de race danoise, en repos et gardant du Gibier mort, dans un riche fond de Paysage. Les premiers plans sont enrichis de quelques Ustensiles de Chasse près d'une belle Plante, qui contribuent à la richesse de ce Morceau plein de vérité, et précieux dans son exécution. *T. haut.* 50, *larg.* 48 *c.*

WOUVERMANS (Pierre).

146. — Point de Vue d'une Plaine terminée par de hautes Montagnes. On y aperçoit au milieu, sur le second plan, un Cavalier vu par le dos, et portant un Etendard. Le fond offre diverses Tentes indiquant un Camp. *B. haut.* 25, *larg.* 20 c.

PAR LE MÊME.

147. — Un Cavalier assis et se reposant au pied d'une Roche, en tenant son Cheval par la bride : son Chien est auprès de lui. Ce petit Sujet se détache sur un fond de Paysage, site d'une Plaine. *B. haut.* 32, *larg.* 24.

PAR LE MÊME.

148. — Chevaux et Cavaliers arrêtés à la porte d'un Maréchal. *B. haut.* 32, *larg.* 45 c.

WET (DE).

149. — Le Sujet de l'Adoration des Rois, représenté sous les Ruines d'un ancien Portique, dont la partie droite, ouverte en Arcade, découvre dans le lointain les détails d'une Ville et

TABLEAUX.

de quelques Personnages. Tableau chaud de couleur et d'une grande harmonie. B. haut. 54, larg. 44 c.

PAR LE MÊME.

150. — Un autre Tableau, chaud de couleur, offrant le Sujet de David prosterné devant Saül, et mettant la Tête de Goliath à ses pieds. Composition nombreuse en Figures, sur un beau fond de Ruines et de Monumens. B. haut. 50, l. 65 c.

X.

XAVERI (R.).

151. — Dans un Paysage du plus riche détail et d'une touche précieuse, l'on voit sur tout le premier plan, nombre de Figures offrant le Sujet du Supplice de Marsias. Morceau d'un grand goût de couleur. B. haut. 51, larg. 74 c.

TABLEAUX.

MAITRES INCONNUS.

152. — Bonne et ancienne Copie d'après *Raphaël*, du Sujet gravé sous le titre de l'*Incendie du Bourg*, dont l'original est peint à fresque au Vatican. T. haut. 44, larg. 60 c.

153. — L'Intérieur d'une Cuisine. On y voit dans le milieu une Femme assise devant une Cheminée avec son Enfant, et paraissant donner des ordres à une Servante. Toute la droite est remplie d'Ustensiles, Poterie, Légumes et autres Accessoires touchés avec vérité et précision, indiquant un Disciple de Sorg. B. haut. 35, larg. 45 c.

154. — Point de Vue des dehors d'un Village entremêlé d'Arbres et de Chaumières, et ayant à la droite une Porte ruinée où l'on voit entrer un Cavalier. Nombre de Figures, sur différens plans, forment une richesse agréable dans ce morceau, qui est signé D. S. B. hauteur 39, larg. 51 c.

TABLEAUX. 61

155. — Un Sujet de quatre Figures dans un Intérieur. On y voit principalement un Chirurgien de Village faisant une opération à un Homme qui est assis dans le milieu de la Composition. Morceau d'une grande force de couleur, d'une touche large et spirituelle, et d'un dessin très-correct. T. haut. 55, larg. 45.

156. — Point de Vue de Paysage avec masse de Rochers sur la gauche, et traversé par une Rivière au bord de laquelle sont des Nymphes qui semblent sortir du Bain. On en distingue une vue par le dos, qui étend ses bras pour prendre sa draperie. Morceau brillant de coloris, et d'une touche fine et précise. B. haut. 40, larg. 53.c.

157. — Précieuse et ancienne Copie du Sujet de la *Sainte Famille*, dont l'original, par *Rembrandt*, est au Muséum, indiqué sous le titre du *Ménage du Menuisier*. Les notes que l'on nous a fournies à cet égard, attribuent ce Morceau au pinceau de *Gérard Dow*, dans l'école de *Rembrant*. B. haut. 42. larg. 33.c.

158. — Fête à Bacchus. Dans cette riche

62   TABLEAUX.

Composition, l'on voit ce Dieu sur un Rocher avec Ariadne, et au-dessus d'eux divers Amours, dont les uns suspendent une draperie, et les autres voltigent en jetant des fleurs. B. haut. 45, larg. 37 c.

LE PENDANT.

159. — Un Sujet très-riche, offrant le Triomphe de Vénus sur les Eaux. On voit cette Déesse debout sur une Conque, accompagnée des trois Grâces, et recevant en présens les richesses de la Mer, qui lui sont offertes par divers Tritons et Naïades.

160. — Un bon Tableau de Paysage pris à l'effet d'une Soirée d'été. La partie droite est occupée par une masse de Ruines, au bas de laquelle est une Fontaine où sont arrêtés des Pélerins, parmi lesquels on distingue une Femme tenant son Enfant. Ce Morceau nous indique la manière d'un Peintre espagnol. T. hauteur 48, larg. 65 c.

161. — Deux bons Tableaux, Sujets d'Escarmouches de Cavalerie dans des fonds de Paysages. Morceaux d'une exécution facile, indi-

TABLEAUX. 63

quant la manière de *Ph. Napolitain. T. haut.*
57, *larg.* 71.

162. — Autres Tableaux, même genre, offrant différens Corps de Cavalerie. Morceaux facilement touchés, qui paraissent indiquer la manière du Peintre surnommé *le Petit Rubens.*
C. *haut.* 31, *larg.* 39 c.

163. — Un joli Point de Vue de Paysage avec partie de Ruines sur la gauche, et traversé dans le milieu par un bras de Rivière où l'on voit un Pâtre qui y fait boire ses Moutons. B. *haut.* 40, *larg.* 58 c.

164. — Bon Tableau de Paysage avec partie de Roches dans le fond à gauche : au milieu est un Chemin où l'on voit un Paysan qui tient son Cheval par la Bride, et est suivi d'une Femme montée sur un Ane. *T. hauteur* 48, *larg* 66 c.

SUPPLÉMENT.

MARBRES, BRONZES, PENDULES ET MEUBLES.

MARBRES.

270 Rochu
165. — L'Amour, de *Bouchardon*.

300 Dufoure
166. — La Baigneuse, de *Falconnet*.

255 Brousse
167. — Et une Nymphe servant de Pendant.

Ces trois Figures, de marbre blanc et d'un beau travail, sont de proportion tiers de nature.

301 Dufoure
168. — Une Figure de moindre proportion, Sujet de *Silène portant Bacchus enfant*.

300 Brousse
169. — Ariadne connue sous le nom de Cléopâtre ; belle figure d'après l'*antique*.

CURIOSITES, etc. 65

170. — La Vénus accroupie, précieux marbre aussi d'après l'*antique*.

171. — Jolie Figure de l'Amour couché et endormi, placé sur un socle de griotte d'Italie.

172. — Deux autres petites Figures en Pendant, et formant le Sujet de *Diane* et *Endymion*. Elles sont placées sur des socles de cuivre carré-long.

173. — Petite Figure d'Enfant couché, sur un socle de bois noirci.

BRONZES.

174. — Le Mercure, de *Jean de Boullongne*, d'ancienne fonte et de belle proportion. Il est porté sur un tronçon de colonne en bronze, de couleur antique, décoré d'un bas-relief au pourtour, sujet d'une Danse de Faunes et de Bacchantes, avec chapiteau et base en marbre jaune de Sienne.

175. — Un pareil Pied au précédent, et pouvant servir de base à un beau bronze de même proportion.

66   CURIOSITÉS, etc.

176. — Deux forts Groupes, sujet d'Enlèvement, sur leur pied en marqueterie.

177. — Quatre Colonnes de Stuc, égrenées dans plusieurs endroits.

MEUBLES D'ACAJOU.

178. — Une très-belle Armoire dite Chiffonnier, ouvrant à un ventaux, avec tablettes dans l'intérieur. Sa forme, cintrée du haut, est décorée d'une excellente Pendule par *le Paute*. Ce Meuble, aussi élégant que bien soigné, est enrichi de divers ornemens du meilleur goût, en bronze ciselé et doré au mat.

179. — Une très-belle Commode en forme de bas d'Armoire, avec trois tiroirs, pilastre et entablement supportant un dessus de marbre blanc veiné. Ce Meuble, aussi parfait dans son exécution que l'article précédent, est également enrichi d'ornemens divers en belles dorures au mat.

180. — Un charmant Meuble carré formant piédestal. Il est composé d'un entablement supporté par deux caryatides, figures de femmes

MEUBLES.

terminées en gaines, avec bas-relief, sujet d'un *Sacrifice à Cérès*, et larges moulures de cuivre doré servant d'encadrement à son dessus de porphire rouge. Les ornemens de ce Meuble sont, comme ceux des précédens, aussi soignés, et de belle dorure au mat.

181. — Très-belle Pendule à cadran tournant, du nom de *Stollwerck*, à Paris, ajustée dans un vase en bronze de couleur antique, enrichi au pourtour de figures en relief, sujet du Tems qui fait danser les Heures, et d'ornemens de serpens formant les anses et marquant les heures. Cette Pièce, très-riche et du meilleur goût, est placée sur un fût de colonne à torse et entablement de marbre noir, dit *grand antique*.

182. — Une Couchette placée sur une Estrade, avec balustrade autour et en différentes parties.

183. — Deux Tête-à-Tête.

184. — Deux Fauteuils.

185. — Quatre Chaises.

186. — Quatre X.

La Couchette, de forme antique, est enrichie

MEUBLES.

de figures emblématiques, moulures d'encadremens et rosettes; le tout en bronze et parfaitement ciselé et doré au mat. Les autres Meubles sont aussi décorés de branches de laurier et étoiles de pareille dorure, et garnis d'une étoffe de soie grisâtre fraîche et conservée. On proposera de vendre en un seul lot les Meubles ci-dessus, comme composant une chambre à coucher, sinon ils seront divisés sous ce numéro.

187. — Vingt-trois Tableaux, Dessins et Gouaches, offrant divers sujets, qui seront vendus et détaillés sous ce numéro.

188. — Divers autres Objets de curiosité seront vendus sous ce numéro, s'il y a lieu.

FIN.

SECOND SUPPLÉMENT

DE QUELQUES ARTICLES

DE TABLEAUX PRÉCIEUX.

HUYSUM (Jean Van).

189. *Peint sur bois, haut.* 28, *larg.* 22 p.

Un magnifique Tableau de Fleurs groupées dans un Vase placé sur une Table. On y voit l'accessoire piquant et plein d'intérêt, d'un Nid garni de cinq Œufs. Toutes les richesses de détails dont ce genre aimable est susceptible, y sont traitées dans la plus haute perfection de l'art. Ce morceau, l'un des Ouvrages capitaux de cet Artiste inimitable, et qui présente la plus grande force de coloris, a été peint sur un Panneau que la chaleur a vraisemblablement fait gercer dans presque toute sa hauteur ; mais on en a arrêté les progrès par des tringles de fer solidement assujetties derrière; et nous observons que ce léger accident ne nuit en rien à son effet et à sa valeur. Il provient de la vente Tolozan. Voyez le N.º 48 de son Catalogue.

TENIERS (DAVID).

190. *Peint sur bois, haut. 12, larg. 19 p.*

L'intérieur d'un Cabaret. Sur le devant, à droite de la composition, on voit une Femme assise, allumant la Pipe d'un Homme qui est à côté d'elle, et qui lui présente un Verre de vin; du côté opposé, sont trois Paysans qui causent et se chauffent auprès d'une Cheminée. Divers accessoires y sont rendus avec cette précision et cette franchise de touche qui caractérisent les meilleures Productions de cet habile Peintre. Ce Tableau provient de la Collection de feu Tolozan. Voyez le N.º 114 de son Catalogue.

Par le même.

191. *Peint sur bois, haut. 8, larg. 6 p.*

Intérieur où sont trois Paysans, dont un en Veste bleue, coiffé d'une Toque rouge, et assis, appuyé sur une Table. Il tient d'une main sa Pipe, et de l'autre une Canette. Petit morceau plein de vérité, et d'une admirable transparence de couleur.

TABLEAUX.

LINGELBACH (JEAN).

192. *Peint sur toile, haut. 17, larg. 14 p.*

Riche Point de Vue de Paysage, terminé par des Montagnes. Le premier plan est couvert d'Animaux que garde un Pâtre assis au pied d'un Arbre dépouillé de ses feuilles. On y distingue un Bœuf de couleur blanchâtre, dessiné avec autant de goût que de précision. Morceau du meilleur choix parmi les productions de cet Artiste. Il provient du célèbre Cabinet de feu Tolozan. Voyez le N.º 4 de son Catalogue.

HEYDEN (JEAN VAN DER).

193. *Peint sur bois, haut. 8, larg. 9 p.*

Un petit Tableau très-fin, offrant la vue d'une Eglise, avec tous les détails des Bâtimens qui l'avoisinent. Le devant de cet Edifice offre une Place enrichie de diverses Figures de la précieuse touche d'*Adrien Van den Velde*.

BREEMBERG (BARTHOLOMÉE).

194. *Peint sur bois, haut. 11, larg. 13 p.*

Point de Vue de Ruines de Monumens, enrichi de Figures dans le costume turc. Précieux échantillon de ce Maître. Voyez le N.º 18 du Catalogue Tolozan.

ASSELIN (JEAN).

195. *Peint sur bois, haut. 9, larg. 12 p.*

Site d'Italie, offrant sur la gauche une partie de Ruines baignées par un Lac dans lequel un Pâtre conduit son Troupeau. Morceau fin de touche, pris à l'effet du soleil couchant.

VOYS (ARRY DE).

196. *Peint sur toile, haut. 24, larg. 17 p.*

Le Portrait d'un Artiste vu en buste et de face, portant Moustaches et Cheveux grisâtres. Il est vêtu d'un habillement noir avec un large Collet de batiste. Cette tête, frappante de vérité, nous a été indiquée comme un des Ouvrages en grand de ce Peintre précieux, pour quelqu'un de sa famille.

MARTIN (dit le VIEUX).

197. *Peint sur toile, haut. 20, larg. 25 p.*

Tableau d'une excellente qualité et de l'effet le plus piquant, offrant le sujet d'un Choc de Cavalerie, dans un riche fond de Paysage.

PAR LE MÊME.

198. *Peint sur bois, haut. 12, larg. 9 p.*

Louis XIV sur un Cheval blanc, et accompagné de plusieurs de ses Généraux, dans un fond de Paysage d'une touche brillante.

MANS (FRANÇOIS).

199. *Peint sur bois, haut. 10, larg. 12 p.*

Deux Tableaux du plus riche détail, offrant différens Points de Vue de Villages de Hollande avec Canal. On y voit nombre de Figures, dont plusieurs passent l'eau dans des Barques. Ces deux jolis morceaux sont aussi intéressans par la variété de la Composition, que par leur exécution fine et spirituelle, qui se rapproche de celle de *Molnaert*.

SPRANGER (BARTHOLOMÉE).

200. *Peint sur bois, haut. 15, larg. 16 p.*

Le Mariage de Sainte Catherine. Composition de cinq Figures d'une exécution brillante, ainsi que d'une très-belle couleur.

GRIFF (JEAN).

201. *Peint sur bois, haut. 8, larg. 12 p.*

Deux petits Tableaux de la plus admirable touche, et d'un excellent ton de couleur, offrant différens sujets de la Création, avec nombre d'Animaux.

BOUNIEU (JEAN-FRANÇOIS).

202. *Peint sur toile, haut. 14, larg. 13 p.*

Le sujet d'Adonis quittant Vénus pour aller à la chasse. Morceau gracieux, et d'un coloris très-aimable.

203. = Une Tête de Vieillard à barbe blanche. Etude d'un bon ton de couleur, attribuée à *Rembrandt. Peint sur bois, 7 p. sur 6.*

www.ingramcontent.com/pod-product-compliance
Lightning Source LLC
Chambersburg PA
CBHW070317230526
45470CB00002B/923